H. BURIOT-DARSILES et MARC DÉNIER

ESSAI

DE

RÉPERTOIRE DES EX-LIBRIS

ANCIENS ET NOUVEAUX

INTÉRESSANT LE BOURBONNAIS

Moulins imprimerie 1930

AVANT-PROPOS

A la suite de l'exposition d'ex-libris qui s'est tenue à Moulins du 8 au 22 juillet 1928, comme annexe du Salon des Beaux-Arts organisé par le Syndicat d'Initiative Bourbonnais, l'idée nous est venue d'un travail qui n'a pas encore été réalisé : dresser une liste alphabétique des ex-libris anciens et modernes intéressant notre province, c'est-à-dire des ex-libris ayant appartenu ou appartenant à des bibliophiles soit d'origine bourbonnaise, soit possessionnés (ou domiciliés) en Bourbonnais, soit encore ayant des alliances assez étroites avec des familles bourbonnaises, ainsi que de ceux dont les auteurs sont des dessinateurs ou graveurs bourbonnais.

C'est ce travail que nous présentons aujourd'hui.

Ne donnant pour chaque pièce que les indications indispensables (1), *il n'a d'autre ambition que de montrer, par le nombre de celles que — sans avoir la prétention d'être complet — il arrivera à énumérer, que cette province, toute petite qu'elle est, tient néanmoins sa place dans l'histoire de l'ex-libris français, ne serait-ce que par ce fait qu'elle possède l'une des plus anciennes marques bibliophiliques connues en France.*

Notre répertoire a pour base, d'une part, les documents réunis depuis

(1) Lorsqu'un ex-libris a fait l'objet d'une étude, soit dans les *Archives de la Société française des Collectionneurs d'Ex-libris et de Reliures artistiques*, soit dans le *Bulletin de la Société d'Emulation*, nous le mentionnons, à la fin de la notice, entre parenthèses.

des années par le second des signataires de cet avant-propos, d'autre part, les ex-libris qui ont figuré à l'exposition rappelée ci-dessus et qui provenaient de nos collections personnelles, ainsi que de celles de Mlle L. Duchet, MM. comte Jean de Dreuille, vicomte de Durat, Louis Grégoire, Fernand Méténier, Dr Henri Monceau, Dr Eugène Olivier, J. Sèque et vicomte de Soultrait, à qui nous adressons ici, de nouveau, nos sincères remerciements.

Quant aux clichés ou bois gravés dont cette publication a pu être illustrée, ils nous ont presque tous été gracieusement prêtés par la Société d'Emulation du Bourbonnais, la Société française des Collectionneurs d'Ex-libris, ou par les bibliophiles titulaires d'ex-libris. A tous, nous exprimons aussi notre sincère gratitude.

H. BURIOT-DARSILES & MARC DÉNIER.

ABRÉVIATIONS & SIGNES

All. = Alliances bourbonnaises.
An. = Anonyme.
Arch. = Archives de la Société française des Collectionneurs d'Ex-libris et de Reliures artistiques.
Dev. = Devise.
Etiq. = Etiquette.
Hér. = Héraldique.
Lég. = Légende.
Mod. = Moderne (période de 1830 à nos jours.
Orig. = Famille ou possesseur d'origine bourbonnaise.
Poss. = Possessionné en Bourbonnais.
S. ou s. = Signé.
S. Em. = Bulletin de la Société d'Emulation du Bourbonnais.
* = Ne figurait pas à l'exposition.
† = Mort en.

(Une seule date, sans autre explication, est la date de l'ex-libris.)

PREMIÈRE PARTIE

RÉPERTOIRE DES BIBLIOPHILES

A

Achard. — Marie-Henriette Achard de Joumard de Legé, comtesse de Bourzac. — Hér. 66×64.

***Alta.** — Elie Alta, pseudonyme littéraire de G.-A. Bouchet (1863-1927), écrivain occultiste et libraire à Vichy. — Gravure sur bois par Paul Devaux (voir à la 2e partie), représentant la croix dressée sur le globe terrestre, avec la devise : *In hoc signo vinces.* — 66×50.

Aubigny. — Richard d'Aubigny. — Initiales enlacées dans un médaillon. Au-dessous, sur deux lignes : F. L. F. M. RICHARD D'AUBIGNY. — Mod. — Dimensions du médaillon : 58×50. — (S. Em., 1911, p. 353).

B

Baillard. — Jean-Jacques Baillard du Pinet, prêtre. All. — 1759. — Hér. 56×40.

Banville. — Théodore de Banville (1823-1891), poète. —

F. L. F. M.

RICHARD D'AUBIGNY.

EMILE ROYER. del & scupt

Cliché de la Revue « *Poésie* », Paris.

EX LIBRIS
P. Beraud

DE BONNAY.
ALBERT DE BURE
N.°

Hér. s. Emile Roger del. et scup[t] (*sic!*). 66×57. — (S. Em., 1923, p. 344).

Barral. — Vicomte de Barral. — Mod. Hér. En relief sur fond brique, pans coupés. — 30×21.

Barrois. — Jean-Jacques Barrois, né à Pierrefitte en 1769. — Etiq. 29×63. — (S. Em., 1911, p. 198).

Beraud. — Pierre Beraud (1783-1850), député de l'Allier, homme de lettres. — Hér. 39×61. — (S. Em., 1911, p. 200).

***Bernard.** — Dr D. Bernard. — Mod. Doré sur fond mordoré. Dev. : *In secundis voluptas ; in adversis perfugium.* — 53×46.

Bernard. — Augustin Bernard, professeur à la Sorbonne, petit-fils du précédent. — Motif moulinois (enseigne d'une vieille maison sise à Moulins, 6, rue du Rivage) et même dev. que le précédent. — 57×80.

***Berton.** — Am. Berton. — Petite étiq. représentant un album ouvert sur un chevalet et formant la lettre A entourée de lauriers. — Mod.

Bibliothèque Populaire de Moulins. — Mod. — Etiq. 33×53.

Boirot. — Victor Boirot, aux Serviers. — Mod. — Etiq. à encadrement ovale. — 40×55.

***Boisé de Courcenay.** — Claude Guillaume, marquis de Boisé de Courcenay, † 1810 à Marcillat. — (S. Em., 1912, p. 86).

***Bonnay.** — De Bonnay. Poss. — XVIIIe. Hér. 77×61. — (S. Em. 1911, p. 28).

Bonnet. — Abbé Bonnet. — Mod. 30×35.

Bonneton. — Joseph-Hippolyte Bonneton, né à Gannat, en 1832. Magistrat. Possesseur de deux ex-libris dessinés par lui-même :

*1. Ex-libris avec armes, emblèmes, etc. 1894. — 95×61.

2. Composition gardant le principal motif de la précédente. s. SC (ou SG). 1900. — 75×56.

Boucaumont-Ravier. — Armoiries et vue du château de La

Garde, près Montmaraud. Dessiné par Brugière de Lamotte. — Mod. — 40×60.

*__Bougarel.__ — J.-F. Bougarel, avoué. — Etiq. mod. 5×68.

Bourbon-Busset. — Louis-Antoine-Paul de Bourbon, vicomte de Busset (1753-1802). — Possesseur de deux ex-libris. (S. Em., 1910, p. 256-257) :

1. Ex-libris hér. s. F^ne Jourdan Sculp. 1788. — 94×57.
2. Grande étiq. avec encadrement orné de feuilles de chêne, et la lég. : *Bibliothèque de Louis-Antoine-Paul Bourbon Busset, Citoyen Français, 1793.* — 90×55.

*__Bourbon-Busset.__ — Comte Jean de Bourbon-Busset, né en 1889, mort au champ d'honneur le 26 août 1914. — Une tour battue des flots ; dans le ciel, la dev. *Spes* et, dans l'encadrement: QUI QV'EN GROGNERA, TEL EST MON BON PLAISIR. — Dessiné par G. Demange et gravé par Agry. — 87×57.

Breuil. — Du Breuil. — An. Hér. XVIIIe. Deux états : 1. entouré d'un filet simple et mesurant 45×78. — 2. entouré d'un double filet à pans concaves ; dimensions : 42×60. — (S. Em. 1910, p. 371).

Brossard. — F. de Brossard. — Hér. avec dev. : *Audenti succedit opus.* — S. Pollet, grav. r. Dauphine, 22. — 52×47.

Brugière de Lamotte. — G. Brugière de Lamotte. — Vue du château de Montluçon ; sur un rocher, la lég. : *Ex Amicis* G. Brugière de Lamotte ; sur un livre qu'un chien porte dans sa gueule, la lettre B. — Dessiné par lui-même. — Mod. — 59×70.

Bure. — Albert de Bure (1822-1904). Président de la Société d'Emulation du Bourbonnais. — Hér. — 78×58. — (S. Em. 1911, p. 384).

Buriot-Darsiles. — Pseudonyme de Henri Buriot, professeur au Lycée Banville et homme de lettres, né en 1875. Possesseur de cinq ex-libris :

1. Bonnet phrygien et emblèmes divers (a été aussi la marque d'édition des *Cahiers du Centre*, publiés par le titulaire). — Dessin de Bernard Naudin. — 69×55.

Bibliothèque de M. le Vte de Bourbon Busset Premier Gentilhomme de la Chambre, en survivance, de Mgr Comte d'Artois Colonel Lieutenant Commandant le Régiment d'Artois Cavalerie, Elû Général des Etats de Bourgogne, année 1788

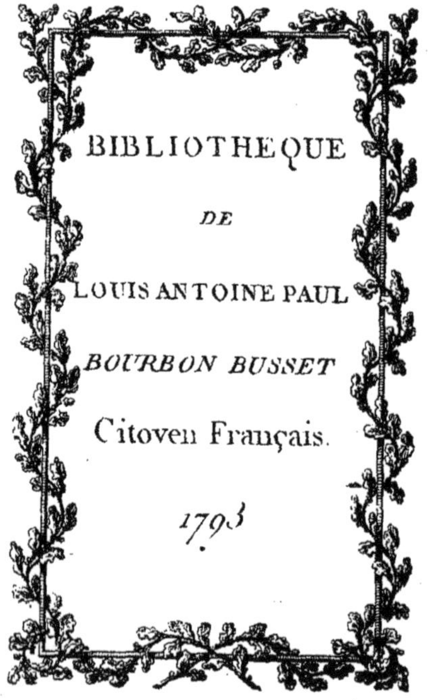

2. Composition symbolique de Charles de Fontenay, avec la devise : VT VNDA CITA FLUIT VITA. — 56×93.

3. Tête de Dante, dans un encadrement noir et rouge, aux 4 angles le lys rouge de Florence ; lég. en lettres empruntées à un alphabet de Geoffroy Tory : *Ex Bibliotheca Dantea* H. Buriot-Darsiles MCMXXI *inch.* — Composition de Gaston Brunner. — 101×80.

4. Tête de Dante, plus petite, dans un simple encadrement typographique, avec la même inscription que ci-dessus, mais en caractères ordinaires. Même dessinateur. — 59×44.

*5. Le cerf-volant et la dev. ALLEN. Lég. : *Des livres bourbonnois de H. Buriot-Darsiles.* Gravure sur bois de Paul Devaux (1929). — 80×68. (Voir la reproduction à la 2e partie.)

C

Chabannes. — Thomas de Chabannes, baron de Pionsat. — Hér. an. (attribution plus ou moins certaine), s. J. Regnault. — 122×100.

Champflour. — Etienne de Champflour (1714-1797), procureur général à la Cour des Aides de Clermont-Ferrand. Poss. — Hér. 72×56.

Champflour. — Guillaume-Marie de Champflour, baron de La Roche d'Onnezat, lieutenant-colonel de cavalerie (1764-1848). Poss. — Hér. 60×47. — (S. Em., 1911, p. 171).

Champflour. — Jacques de Champflour, seigneur de l'Oradoux. Poss. — Hér. — 74×60.

Charton. — Gabriel-Claude Charton, mestre de camp de cavalerie († à Bourbon en 1764). — Hér. — 95×81.

Chaumejan. — Louis de Chaumejan, marquis de Fourille. Orig. — Hér. 82×62. — (S. Em., 1911, p. 92).

Chauvigny de Blot. — Vicomte Jean de Chauvigny de Blot. Orig. — Armoiries surmontées du casque du poilu, à droite et à

d'azur a une étoile d'or surmontée d'un vol d'argent abaissé et soutenue d'un oeillet d'or, tigé et de même

gauche une mitrailleuse et des barbelés (1). — Dessin d'Edmond des Robert. — 70×68. — (Arch. 1927, p. 10).

Chavagnac. — Annet-Frédéric-Henry-René de Chavagnac, né en 1738 à Blesle (Haute-Loire). — Ex-libris reproduit au XIXe siècle par une branche de la famille qui devint bourbonnaise. — Hér. An. 67×56. — (S. Em., 1911, p. 140).

***Chavagnac.** — Gilbert-Pierre-Alexandre de Chavagnac, capitaine de vaisseau. Poss. — Hér. An. 87×58. — (S. Em., 1911, p. 141).

Chiseuil. — François de Chiseuil. — 1846. — Hér. 42×33.

Chiseuil. — Même ex-libris que le précédent, mais sur « F[ois] » on a écrit, à la plume « Vi » et l'on a changé, également à la plume, la date de 1846 en 1876.

Collas. — L. Collas. — Livres et attributs cynégétiques. — Dessiné par Marcel Génermont et gravé par Pierre Mouret. — Mod. — 32×53.

Conny. — Jean-Ferdinand-Gustave-Adrien de Conny (1817-1891), doyen du Chapitre de Moulins, fondateur de la Maîtrise. — Hér. 41×43. Deux états. (S. Em., 1910, p. 398).

Contresol. — Château de Contresol. Aux armes de Jacquelot de Chantemerle. Hér. 19×13.

Crest de Villeneuve. — Du Crest de Villeneuve, secrétaire général de l'Administration des Droits réunis. XIXe s. — 56×36.

D

Dayat. — Abbé Dayat. — Mod. — Etiq. ornementée, 30×36.

Degeorge. — J.-B. Degeorge. — Mod. — Hér. avec dev.: *Si vis dicendi peritus fieri pauca multum lege.* — 62×48.

Dénier. — Marc Dénier. — Mod. — Possesseur de deux ex-libris :

(1) L'original est en couleurs.

de sable à trois fasces d'argent accompagnées de trois roses d'or en chef

Ex-libris de Chavagnac, XVIIIe s.

Ex-libris de Chavagnac, XIXe s.

1. Hér. An. 65×78.

2. Lég. : « Bibliothèque de Marc Dénier » dans un grand encadrement avec attributs divers. — 110×70.

Desprez de Roche. — All. — S.: « Lordonné à Dole ». — Hér. 66×52.

***Destrapières.** — Guillaume-Martin Destrapières (1722-1787), fils de Jean-François, lieutenant général et particulier de la châtellenie royale de Bourbon-l'Archambault. — Possesseur de deux ex-libris :

1. Hér. — 1766. S. : RUP...LLŒ. — 64×50.

2. Hér. Décor différent. — 78×52.

Dominique de la Gauguière. — Antoine-Dominique de la Gauguière, conseiller au Présidial de Moulins. 1777. — Etiq. 44 × 64. — (S. Em., 1911, p. 93).

Dorat de Chameulles. — Claude-Dorat de Chameulles (1696-1771). Possesseur de deux ex-libris :

1. Hér. 106×71.

2. Hér. Gravé par Fouquet. — 81×63.

Doüet de Vichy. — Claude-Gabriel Doüet de Vichy, né en 1712. Conseiller au Parlement de Paris. — Hér. 86×63. — (S. Em., 1910, p. 372).

Dreuille. — Comte Henri-Amable de Dreuille (1785-1866). Possesseur de deux ex-libris :

1. Hér. An. 47×59.

2. Hér. 66×64. (Semble n'avoir pas été utilisé).

Dubouys-Delaü. — Né à Ygrande en 1773. — Etiq. 25×47. (S. Em., 1911, p. 201).

Durond. — Henri Durond, libraire et bibliophile moulinois. Mod. Possesseur de deux ex-libris :

1. Monogramme ornementé. 26 × 23. (Existe aussi comme fer de reliure).

2. Un chat assis sur un livre, regardant un autre livre ouvert. — S. : Grégoire. — 111×63. (N'a été imprimé qu'à quelques exemplaires).

Ex-libris Marc Dénier.

E

Ebreuil. — Bibliothèque de l'Hôpital Saint-Juste, des Religieux de la Charité d'Ebreuil. 1766. Le saint sur un écu rocaille. S. : Branche fc. — 83×64. — (S. Em., 1911, p. 89).

F

Fabre. — Paul-Pierre-Samson Fabre, né à Limoux, en 1845, médecin à Commentry, † 1919. — Attributs divers. — 65×58.

Féligonde. — Michel Pellissier de Féligonde, né en 1729. Littérateur. — Hér. An. 60×54. — (S. Em., 1911, p. 355).

Ferrand de Fontorte. — Michel-Henry Ferrand de Fontorte, officier de cavalerie. XVIIIe s. Possesseur de deux ex-libris :

1. Hér. 80×52.

2. Etiq. faite à l'époque de la Révolution, pour recouvrir le précédent. Lég. : Bibliotèque (*sic!*) de Michel-Henry Ferrand. — 94×78 (S. Em., 1911, p. 90).

***Foudras.** — Marquis de Foudras, né en 1769, lieutenant au régiment de Bourbonnais, père du célèbre écrivain cynégétique. — Hér. An. 64 × 50. — (Arch., 1923, p. 140).

Fradel. — Comtesse de Fradel. — Mod. — Hér. 49×65.

Frères des Ecoles chrétiennes de Moulins. — Mod. — Etiq. 28×45. — (S. Em., 1911, p. 143).

G

Galois. — Des Galois, marquis de Saint-Aubain, seigneur de Bourbon-Lancy. XVIIIe s. — Hér. An. 52×48.

***Gaudon.** — Jean Gaudon, lieutenant-général au domaine de Bourbonnais. — Imprimé sur le volume même, *in fine*. Voir reproduction. — 18 × 67. — Le plus ancien ex-libris bourbonnais et même l'un des plus anciens ex-libris français connus. — (S. Em., 1910, p. 197).

***Génermont.** — Marcel Génermont, architecte moulinois. —

d'azur au pelican d'or dans son nid, avec sa pieté, au chef d'argent chargé de trois hermines de sable

Ex-libris de Féligonde.

Ex-libris de Foudras.

sanctitatis anno.iij.publicataꝫ per quam reueren
dissimo in christo patri.d.Anto.tituli scte Ana
stasie presbytero cardinali tunc epo auriensi ⁊
dicte sanctitatis datario datandi reuocationē
vnionum temporalium ac per decessum dumta
xat:nec nō specialium reseruationū ad secula=
ria ⁊ regularia etiam tūc qualificata bñficia va
catura:alias quam per cancellariam apostolicā expe
diri solitarum concessarum ⁊ concedendaruꝫ.
Ad instantiā quarūcūque psonarū sub quacūque
data post tamē dicte cōstitutionis publicatio=
nē cū quibusuis clausulis etiā derogatoriaruꝫ
derogatorijs ⁊ talib⁹ quod ille quascunque spāles
reseruationes ⁊ vniōes pdictas cōprehenderēt

Impresse sunt psentes decisiones Lugdun.
per honestū virum Jacobum myt chalcogra=
phuꝫ. Anno a natiuitate dñi.M.cccccxxvj.die
vero vigesimasexta mensis Februarij.

Regestum totius operis.

aabbccdd abcdefghiklmnopqr A
B C D E F G H I K L M N O P Q R S T
V X Y Z.Omnes sunt quaterni preter dd qui
est duernus et q r qui sunt terni.

FINIS.

EX LIBRIS I. GAVDONTII
MOLINENSIS.
1576.

Le maître-d'œuvre au moyen âge. Dev. sur un vitrail : *Volo ergo possum.* — 1906. — Non imprimé, mais reproduit par photographie. — 42×31.

***Gouttes.** — Anne-Françoise de Coubladoux, comtesse douairière des Gouttes. — XVIIIe s. — Poss. — Etiq. 40×81. — (S. Em., 1911, p. 351).

L

La Boulaye. — Comte de La Boulaye. — Mod. — Hér. 29×26.

Lacôdre de la Grillière. — Jean-Claude-Félix Lacôdre de la Grillière (1699-1744). — Etiq. 37×67.

La Dure. — Aujay de La Dure. — Mod. — Hér. An. 38×56.

La Dure. — D^r^ Ed. de La Dure. — Vue du château de Saint-Août (Indre), par lui-même. — Mod. — Deux formats : 33×26 et 65×44.

La Fin. — Jacques de La Fin, seigneur de Beauvoir et autres lieux, † 1606. — Hér. An. 125×85. — (Arch., 1928, p. 3 et 53 ; S. Em., 1928, p. 275).

*** La Galissonnière.** — Roland-Michel Barin, marquis de la Galissonnière (1693-1756), gouverneur du Canada et lieutenant-général des armées navales. — Orig. — Hér. An. 48×39. — (Arch., 1929, p. 14 ; S. Em., 1929, p. 111).

La Roche-Aymon. — XVIIIe siècle. — Deux ex-libris hér. an., dont les possesseurs précis sont ignorés, ont appartenu au XVIIIe siècle à cette famille; l'un a 39×42, l'autre 48×57.

Launay. — C. P. de Launay, seigneur de Panloup. — XVIIIe. — All. — Hér. 72 × 90.

Laurent. — A. Laurent, ingénieur. — Château des ducs de Bourbon, à Chantelle. S. : Urbain Wernaers. — 1928. — 120×80.

Le Brun de Royecourt. — Ex-libris utilisé, après suppression

Ex-libris Jacques de La Fin.

Ex-Libris
A. LAURENT

de la lég., par François-Pierre Lebrun, seigneur de Montchenin (paroisse de Toulon-sur-Allier), où il mourut en 1784. Utilisé aussi par son petit-fils, M. Mayeul Chabot, qui releva les armes des Le Brun. — Hér. 59×53. — (S. Em., 1911, p. 169).

Le Gendre de Saint-Aubin. — Gilbert-Charles Le Gendre, marquis de Saint-Aubin (1688-1746). — Hér. An. 72×55. — (S. Em., 1911, p. 142).

Le Long. — Maître des comptes, seigneur de Chenillac, Chantemerle, Sauget, etc.. — Hér. 80×53.

Le Lorgne d'Ideville. — Louis, baron Le Lorgne d'Ideville (1780-1852), député de l'Allier de 1837 à 1848, propriétaire de la terre du Coude. — Hér. 60×41. — (S. Em., 1910, p. 399).

Le Lorgne d'Ideville. — Henri-Amédée Le Lorgne d'Ideville, fils du précédent (1830-1887). — Hér. (armoiries se détachant sur un fond de bibliothèque), daté 1867 et s. : Henry d'Ideville et P M[artial]. — 115×86. — (Arch., 1910, p. 3 ; S. Em., 1910, p. 400).

Le Noir. — Isaac-Nicolas Le Noir, seigneur de Cindré, de Nades, de Chouvigny, etc. — XVIIIe. — Hér. 42×43.

Ligneris. — Louis-François des Ligneris, auteur de la branche actuellement poss. à Bressolles. — XVIIIe. — Hér. 84×67. — (S. Em., 1911, p. 354).

Ligondès. — Du Ligondès, famille originaire d'une terre située à la limite du Bourbonnais et de l'Auvergne et largement poss. dans notre province. — XVIIIe. — Hér. An. 71×63. — (S. Em., 1911, p. 26).

Longaulnay. — De Longaulnay, famille originaire de Normandie, dont une fille, Suzanne, épousa, en 1787, Jean Mulatier de la Trollière, seigneur de Gozinière (Theneuille). — XVIIIe. — Hér. 90×69. — (S. Em., 1912, p. 163).

Longueil. — De Longueil. Poss. depuis 1677. Deux ex-libris hér. an. du XVIIIe, l'un mesurant 93×72, l'autre 37×41. — (S. Em., 1911, p. 199).

Ex-libris Le Gendre de Saint-Aubin

Ex-libris du Ligondès

Lorme. — De Lorme, gentilhomme ordinaire du Roy, châtellenie de Moulins. — XVIIIe. — S. : E. Stallin. — Hér. 81×55.

M

Meillet. — Madame Meillet, née Bonneton. — XIXe. — Hér. avec dev. : *Labore et Patientia.* — 87×58.

Melin. – Mgr Jean-Baptiste Melin. — XIXe. — Scène religieuse (baptême du Christ) avec dev. : *Prœibis parare vias ejus.* Cercle de 43 m/m de diamètre.

Ménage de Mondesir. — François-Joseph Ménage de Mondesir, baron de Bressolles, † 1783. — Hér. 74×51. — (S. Em., 1911, p. 383).

Méplain. — Etienne-Firmin Méplain, docteur en médecine, né en 1841. — Etiq. 31×52.

Mestrault. — H. Mestrault. — Mod. — Livre, képi, épée, toque et dev. : *L'ami du livre est un ami des dieux.* — S. : Revellat. — 80×78.

Méténier. — Fernand Méténier. — Mod. — Châtelaine lisant, assise dans une grande chaire, un enfant et un chien à ses pieds. Devise : *Prends-y garde.* — Dessiné par Marcel Genermont, gravé par Debray. — 65×45.

Monceau. — Docteur Henri Monceau, chirurgien-adjoint de l'hôpital de Moulins. — Mod. — Possesseur de deux ex-libris :

1. Squelettes, serpents, etc. et initiales. Gravé par Delahaye. — 60×101.

2. Serpents et initiales. Dessiné et gravé sur linoléum par Georgette Astruc. — 57×51.

***Montfalcon.** — Baronne Girod de Montfalcon, née Roger de Quirielle. — Mod. — Dessiné par son neveu, Roger de Quirielle, et gravé par H. Gonnard.

Montlaur Murles. — Charles de Montlaur Murles. — Hér. 88×74.

Ex-libris
Dr Henri Monceau.

Ex-libris Dr Henri Monceau.

Montlivault. — Vicomte Guy de Montlivault. — Possesseur de deux ex-libris :

1. Nu féminin et composition allégorique avec dev. : *Optimum lege ut crescas*. S. : Maurice Ray. L. Muller sc. — 92×60.

2. Ex-libris daté de 1919 et intitulé « Le Retour » : le bibliophile, en tenue d'officier, dans sa bibliothèque. S. : Joseph Hémard. — 58×36.

Montmorin. — Comte de Montmorin, seigneur de Naddes, Janzat, etc. † 1793. — Hér. 97×78. — (S. Em., 1910, p. 198).

Mourgues. — Annet-Edouard de Mourgues, pharmacien à Paris, fils du sculpteur moulinois Etienne de Mourgues. — 1907. Hér avec dev. : *In labore quies*. Henry-André inv. Fernique Ph. sc. — 98×81.

N

Noblet. — Bernard de Noblet, comte de Chenelette, lieutenant des Maréchaux de France. — XVIIIe. — Hér. 101×69.

O

Olivier. — E. Olivier. — Mod. — Hér. 57×47.

P

Pégat. — Georges Pégat. — Mod. — Hér. (d'après un cuivre ancien), utilisé pour sa bibliothèque de La Croix de l'Orme (commune de Billy). — 69×69. — (S. Em., 1911, p. 385).

Périn. — Marcel Périn, homme de lettres. — An. : un cavalier fonçant, avec une palette en guise de bouclier et une plume en guise de lance. Bois de Paul Devaux (v. à la 2e partie). — 38×54.

***Pérot.** — Francis Pérot, maître menuisier et érudit moulinois. — Mod. — Cachet ex-libris, avec dev. : *Pax et Labor*. — 58×45.

Peyerimhoff. — Jean-Baptiste Peyerimhoff, seigneur de Fontenelle. — All. — Mod. — Hér. 67×46.

***Piquet.** — Georges Piquet, homme de lettres. — Mod. — Ex-libris photographié : un moulin à vent et initiales G. P. — 31 × 21.

***Place.** — Avocat et homme de lettres, directeur de la *Chronique des Lettres françaises.* — Gravé sur bois par Paul Devaux (v. 2e partie). — 29 × 38.

Potier. — Thérèse et Constance de Potier. — Mod. — All. — Hér. 63 × 52.

Q

Quirielle. — Roger de Quirielle, homme de lettres, ancien président de la Société d'Emulation du Bourbonnais, † 1928. — Un bibliophile (portrait du titulaire) en costume médiéval, se disposant à lire. Dessiné par lui-même et gravé par H. G[onnard]. Existe en deux formats : 89 × 90 et 38 × 39 (ce dernier portant, en outre, sur les côtés, la lég. : « Bibliothèque bourbonnaise de Roger de Quirielle ».). (V. 2e partie).

Quirielle. — Jean de Quirielle, homme de lettres, fils du précédent. — Ex-libris portrait. Sjövall Phot. Héliog. Dujardin. — 104 × 69.

R

Robin-Duvernet. — Frédéric Robin-Duvernet. — All. — Mod. — Armoiries, et berger jouant de la cornemuse. S. B[rugière de la Motte]. — 50 × 54.

Rocher. — Emile Rocher. — Mod. — Dessin allégorique avec dev. : VT CRVX IN RVPE RVPES IN FIDE. — 35 × 33.

Rollet d'Avaux. — Jacques-Amable-Gilbert Rollet d'Avaux, seigneur de Belleaux, Glené, Servilly. XVIIIe. — Etiq. 40 × 56. — (S. Em., 1911, p. 168).

Rollin. — Marcel-Pierre Rollin, chirurgien-dentiste. Orig. — Mod. — Un corbeau à lunettes perché sur une branche. Dessin de Georges Masson. — 50 × 38.

Ex-libris
Emile Rocher.

Ex-libris De Vichy-Champrond.

S

Saint-Genys. — Mod. — Hér. avec dev. : *Sic Itur ad Astra,* et en dessous : « Bibliothèque de Chirat en Bourbonnais. » S. des initiales V M entrelacées et surmontées d'une couronne. — 94 × 74.

× **Salvert de Montrognon.** — XVIIIe. — All. et poss. — Hér. 52 × 42. (S. Em., 1911, p. 29).

Saulnier. — Mod. — Etiq. Initiale S ornementée avec banderole (lég. : « Bibliothèque de M^r^. M. Saulnier ») et fleurs de lis aux quatre angles. — 34 × 35.

Sèque. — J. Sèque. — Mod. — Bourbonnaise lisant. Par la fenêtre ouverte, une vue de Moulins. Dessiné par Hackspill (voir 2e partie). — 79 × 50.

Soultrait. — Anne de Soultrait, vicomtesse d'Orcet. — Mod. — Hér. 63 × 56.

Soultrait. — George de Soultrait, frère de la précédente. — Hér. 64 × 55.

Soultrait. — Comte Richard de Soultrait (voir « Toury-sur-Abron »).

T

Tabouet. — Pierre-Amable-Marie-Yvan Tabouet. All. et poss. — Mod. — Hér. s. : H. Girard. — 103 × 73.

Tailhand. — Magistrat. 1771-1849. Poss. — Etiq. à cadre ovale ornementé. 65 × 52.

Tarade de Mortemont. — Etiq. passe-partout où se lit (seuls les mots en italique sont imprimés) : « *N°* *Case* *Livre de la Bibliothèque de M.* Tarade de Mortemont *demeurant à* Moulins, allier, rue corroirie *N°* 14. *Ce Livre a été acheté l'an* 1813. ».

Thonier. — Claude-Antoine Thonier, 1767-1854, officier de santé à Saint-Sornin. — Etiq. à cadre fantaisie, avec lég. : EX

MUSÆO C. A. THONIER DOCTORIS MEDICI MONSPELIENSIS. — 31×45. — (S. Em., 1911, p. 382).

Tiersonnier. — Philippe Tiersonnier. — Mod. Hér. : S. des initiales J F enlacées. — 79×74. — (Tiré à un très petit nombre d'exemplaires, n'a pas été utilisé.)

Tilly. — Charles Roussel de Tilly, seigneur de Bost et Tilly, XVIIIe. — Hér. 66×54. — (S. Em., 1910, p. 370).

Toury-sur-Abron. — Bibliothèque du Château de Toury-sur-Abron (comte Richard de Soultrait). — Mod. — Au nom de cette bibliothèque (nivernaise) existent deux ex-libris hér. :

1. Gravé par Geoffray. — 48×34.
2. Impr. Louis Perrin, Lyon. — 111×67.

Trétaigne. — Léon-Michel, baron de Trétaigne. — All. — Mod. — Hér. 37×39 (sans la lég.).

Trétaigne. — Jean de Trétaigne, fils du précédent. — Hér. s.: Provost-Blondel, Paris. — 54×41.

U

Urfé. — Antoine d'Urfé, évêque de Saint-Flour et abbé de la Chaise-Dieu, † 1594, petit-fils de Marie de Chabannes-la-Palice ; une de ses sœurs fut abbesse de Cusset. — Hér. 80×74 (avec lég.). — (S. Em., 1911, p. 27).

V

***Vacher.** — Gilles Vacher, chirurgien à Besançon, né au château de Chabeuses (Bourbonnais), 1693-1760. — Hér. 70×53. — (Cf. E. Olivier et G. Vialet, *Essai de Répertoire des Ex-Libris et Fers de Reliure des Médecins et des Pharmaciens français*, Paris, 1927, p. 225).

Valence. — De Valence. — Mod. — Hér. an. s. : Peccard fecit. — 43×56.

Vayssière. — Augustin Vayssière, archiviste de l'Allier vers 1895. — Cachet ex-libris ovale, portant son nom et son prénom en latin et, au centre, un ornement. — 37×22.

ÆGIDIUS VACHER
CHIRURGUS MAIOR
BISUNTINUS 1723.

Si le fatal vouloir de mon Dieu ſera tel,
J'eſpere qu'en deſpit de tout effort contraire
Apres ces biens mortelz, i'obtiendray l'immortel,
*Puis qu'*VN ARDENTE FOY *me rechauffe, & m'eſclaire.*

ANTOINE D'VRFE', Eueſque de S.Flour, & Abbé de la Chaze-Dieu, finiſſant le troiſieſme ſeptenaire de ſon âge, l'an 1592. au mois de May.

Veauce. — Charles-Eugène de Cadier, baron de Veauce, député de l'Allier. 1820-1884. Hér. avec dev. : *Nil Desperando* (lapsus pour « *desperandum* »). — 58×54. — (S. Em., 1911, p. 352).

Veauce. — Gertrude de Veauce, belle-fille du précédent. — Vue du château de Veauce et blasons. S. : Inv. W. P. B. 1908. — 113×90.

Vergeat. — Ernest Vergeat. Orig. — Hér. avec dev. : « De Sçavoir ai besoin ». S. : J. Bottile 1925. — 98×60.

***Vérillaud.** — A. Vérillaud, libraire à Moulins. — Mod. — Etiq. indiquant les « Conditions d'Abonnement à l'Œuvre des Bonnes Lectures » (cabinet de lecture de la Librairie Catholique « A Jeanne d'Arc »). — 127×79.

Vichy. — Gaspard de Vichy, comte de Champrond, 1699-1781. — Hér. an. avec Vichy accolé de d'Albon. — 60×61. — (S. Em., 1911, p. 54).

Vichy-Champrond. — Abel-Claude-Marie, marquis de Vichy-Champrond, né en 1740, fils du précédent. — Hér. an. avec Vichy accolé de Saint-George. — 50×40. — (S. Em., 1911, p. 55).

Violle. — G. Violle, chanoine de Moulins. — Mod. — Etiq. 28×55.

Viry. — Jean-Marie, comte de Viry. — (*Arch.*, 1902, p. 127 et 181).

W

Waldner de Freundstein. — F. L. Waldner de Freundstein. Poss. — Mod. Hér. 92×81.

DEUXIÈME PARTIE

RÉPERTOIRE DES DESSINATEURS ET GRAVEURS BOURBONNAIS

AUTEURS D'EX-LIBRIS

Blanchet. — Edouard Blanchet, né en 1874, professeur adjoint au Lycée de Moulins. — Ex-libris familial, calligraphique: monogramme composé des initiales E V S. — 55 × 37 (voir reproduction à la fin de cette 2e partie).

Bonneton. — Cf. 1re partie, p. 4.

Brugière de Lamotte. — A dessiné, outre son propre ex-libris (cf. 1re partie, p. 5),

1. L'ex-libris Boucaumont-Ravier (cf. 1re partie, p. 4).
2. L'ex-libris baron Couloumy, ici reproduit et rappelant que le grand-père du titulaire, officier de Napoléon Ier, a son nom inscrit sur l'Arc-de-Triomphe (dim. : 49 × 54).
3. L'ex-libris Robin-Duvernet (cf. 1re partie, p. 24).

Cluzel. — R. P. Dom Fernand Cluzel, né à Saint-Menoux (Allier), le 3 février 1881, bénédictin. A dessiné :

1. L'ex-libris Emile Rocher (cf. 1re partie, p. 24).
2. Le sceau-ex-libris de la paroisse de Veauce (cf. 3e partie).

A un ex-libris en préparation.

Dénier. — Maurice Dénier, né en 1904, à Moulins. — A dessiné :

Deux ex-libris dessinés par G. Brugière de Lamotte.

1. L'ex-libris Emmanuel Philipon (voir 3e partie).
2. L'ex-libris Marie Dénier, ici reproduit (cf. 3e partie).
3. L'ex-libris Robert Dénier : une partie de pelote basque devant un fronton portant l'inscription « Ex libris Robert Dénier ». (104 × 83).

Devaux. — Paul Devaux, graveur sur bois, né à Bellerive, le 28 mai 1894. A composé et gravé les ex-libris :

1. Alta (cf. 1re partie, p. 24).
2. Buriot-Darsiles, n° 5 (cf. 1re partie, p. 7), ici reproduit (1).
3. André Demaçon.
4. Général Duplessis (dim. 45 × 45).
5. Marcel Périn (cf. 1re partie, p. 23), ici reproduit.
6. Joseph Place (cf. 1re partie, p. 24), également reproduit,

et un projet d'ex-libris romantique que nous reproduisons aussi.

Enfin, Paul Devaux a actuellement en préparation un ex-libris pour M. Edgar Capelin, président de la Société d'Emulation du Bourbonnais.

Génermont. — Marcel Génermont, né le 13 avril 1891, à Moulins. A composé :

1. Son propre ex-libris (cf. 1re partie, p. 13).
2. L'ex-libris Fernand Méténier (cf. 1re partie, p. 21), ici reproduit,

et a dessiné l'ex-libris L. Collas (cf. 1re partie, p. 9).

Grégoire. — Joseph-Camille Grégoire, né à Moulins, en 1875. A dessiné :

1. L'ex-libris Henri Durond, n° 2 (cf. 1re partie, p. 11).
2. L'ex-libris G[régoire], actuellement utilisé par son frère Louis Grégoire (cf. 3e partie) et reproduit ici.
3. L'ex-libris J.-B. Degeorge (cf. 1re partie, p. 9),

et a dessiné pour lui-même un ex-libris (une table avec un encrier, une loupe, des livres, etc. ; au mur, livres et gravures, etc.) qui n'a été ni cliché ni gravé. Dimensions du dessin : 131 × 119.

(1) L'original est en deux couleurs.

Ex-libris Marcel Périn.

Ex-libris Joseph Place.

Ex-libris Alta.

Bois de Paul Devaux.

Projet d'ex-libris romantique

par

Paul Devaux.

Hackspill. — Alfred Hackspill, ingénieur, né à Metz, en 1845, mort à Moulins en 1923. A dessiné l'ex-libris J. Sèque (cf. 1re partie, p. 26), ici reproduit.

La Dure. — Dr Ed. de La Dure, né à Prémilhat (Allier), le 24 septembre 1887. A dessiné et gravé pour lui-même un ex-libris héraldique, reproduit dans la *Revue Internationale de l'Ex-libris*, t. II, Paris, 1918, p. 156 (dim. : 75 × 57).

A encore, pour lui-même, dessiné :

1. L'ex-libris hér. an. ici reproduit (c'est celui que nous cataloguons, p. 16, sous le nom d'Aujay de La Dure ; cf. nos *Addenda et Errata*).

2. L'ex-libris catalogué p. 16 (vue du château de Saint-Août) et reproduit ici. (Cet ex-libris a été gravé sur bois par l'auteur.)

3. Ex-libris Pierre Berrier (vue du château des Etourneaux, près Montluçon).

Le Lorgne d'Ideville. — Henri-Amédée Le Lorgne d'Ideville (1830-1887). A dessiné son propre ex-libris (cf. 1re partie, p. 19).

Martinet. — Albert Martinet, né à Montluçon, le 26 avril 1903. A dessiné l'ex-libris de M. Robert Dexant (voir *Addenda et Errata*).

Mouret. — Pierre Mouret, architecte, né à Yzeure (Allier), le 7 mars 1888. A dessiné :

1. L'ex-libris Dr Monceau, n° 1 (cf. 1re partie, p. 21).

2. L'ex-libris Pierre Chambron (voir *Addenda et Errata*).

A gravé l'ex-libris L. Collas (cf. 1re partie, p. 9).

Pénat. — Lucien Pénat, graveur et peintre, ancien prix de Rome, né à Vallon-en-Sully (Allier), le 1er décembre 1874. A gravé un certain nombre d'ex-libris, dont nous ne connaissons que l'ex-libris R. et M. D[ebré], d'après un ex-libris du XVIIIe siècle (dim. : 39 × 63), et l'ex-libris de Mlle S. Maraud, dessiné par elle-même (dim. : 50 × 64).

Perret. — Marius Perret, peintre et illustrateur, né à Mou-

Ex-libris L. Grégoire

par

J.-Camille Grégoire.

Ex-libris Ed. de La Dure,

composé par lui-même

ainsi que l'ex-libris de droite.

TABLE

Physionomie d'un Ex-libris . . 9
Classement d'une Collection. . 81
Du choix d'un Ex-libris 93

Ex-libris spécialement dessiné par Marius Perret,
pour un exemplaire, imprimé sur chine, du Catalogue
des ouvrages condamnés.

Dessin de A. Hackspill.

Dessin de Stéphane Servant.

lins, en 1851, mort dans l'île de Java en 1900. Nous connaissons de lui :

1. Un ex-libris pour le bibliophile Jacob (Paul Lacroix).

2. L'ex-libris que nous reproduisons, en le réduisant d'environ moitié, mais, à part cela, tel que Henri Bouchot l'a utilisé pour la table des matières de son ouvrage sur *Les Ex-libris et les marques de possession du livre* (dimensions de la reprod. donnée par Bouchot : 121 × 83).

Il apparaît comme probable que Marius Perret a composé d'autres ex-libris.

Quirielle. — Roger de Quirielle. — A dessiné :

1. Son ex-libris, ici reproduit (cf. 1re partie, p. 24).

2. L'ex-libris de la baronne Girod de Montfalcon (cf. 1re partie, p. 21).

Servant. — Stéphane Servant, poète et peintre, né à Montluçon, le 2 février 1869, mort à Paris le 25 février 1916. A dessiné l'ex-libris du poète Michel Abadie, ici reproduit.

TROISIÈME PARTIE

ADDENDA ET ERRATA

I

ADDENDA

***Barbat du Closel.** — Henri Barbat du Closel, époux d'Hélène de Clossat de Montessuy, possesseur du château de Salles (par Saint-Germain-de-Salles). — Etiq. mod. — Lég. : Bibliothèque du château de Salles. H. du Closel. — 16 × 28 (papier vert).

***Bernage.** — De Bernage, sieur de Vaux, intendant de Moulins. — Hér. XVIIIe.

***Berrier.** — Pierre Berrier, avocat à la Cour d'Appel de Paris. — Mod. — Dessiné par le D[r] Ed. de la Dure (cf. 2e partie, p. 36).

***Blanchet.** — Edouard Blanchet (cf. 2e partie, pp. 31 et 40).

***Bourdier de Beauregard.** — Généreux Valentin Bourdier de Beauregard. — Bien que catalogué comme exclusivement béarnais par le savant Dr Eugène Olivier (1), cet ex-libris est également bourbonnais, le titulaire étant né à Bourbon-l'Archambault, le 26 janvier 1723, de Jean Bourdier de Beaure-

(1) *Essai de Répertoire des Ex-libris et fers de Reliure des Médecins et Pharmaciens français*, par E. Olivier et G. Vialet. Paris, 1927. (P. 33.)

Ex-libris Augustin Bernard.

(V. 1re partie, p. 4.)

Composé par Franz Lehrer.

Bois gravé par Geneviève Granger-Chanlaine

gard, maire de Bourbon. Il mourut à Pau en 1802. — Hér. 79 × 69.

***Buriot-Darsiles.** — Henri Buriot-Darsiles. A la liste de ses ex-libris donnée p. 5 et 7 sont à ajouter :

6. Un « ex libris et collectis » calligraphique, par l'artiste autrichien Franz Lehrer. (Voir reproduction) (1).

7. Un ex-libris portant comme légende le vers de Dante : « Si che vostr'arte a Dio quasi è nepote » (Si bien que votre art est comme un petit-fils de Dieu), par l'artiste italien Luigi Servolini. (V. reproduction.)

8. Un ex-libris (scène moyen-âgeuse) par l'artiste autrichien Max Kislinger. Cent exemplaires coloriés à la main et signés par l'artiste. Dim.: 70 × 50.

***Buriot-Darsiles.** — Henriette Buriot-Darsiles, fille du précédent. — Ex-libris gravé sur bois par Geneviève Granger-Chanlaine. (Voir reproduction.)

***Capucins de Bourbon-Lancy.** — Etiq. avec légende : *Bibliothecæ Capucinorum / Conventus Borbonij-Lancaei / Catalogo inscriptus / Anno 1689*. — 38 × 77.

***Carteron.** — Jean Carteron, notaire à Chantelle (Allier) de 1890 à 1903. — Allégories (Justice, etc.) et devise : *Labore et Constantia*. — 112 × 71.

***Chambron.** — Pierre Chambron, ingénieur technique d'agriculture, à Moulins. — Ex-libris avec attributs cynégétiques, dessiné par Pierre Mouret (cf. 2e partie, p. 36). — 81 × 92.

Champflour. — Etienne de Champflour (cf. 1re partie, p. 7). Il existe de son ex-libris une variante mesurant 75 × 85 (cuivre de forme ovale).

Closel. — Voir Barbat du Closel (p. 41).

***Cornil-Boirot.** — Dr Félix Cornil, médecin à Cusset, marié, en 1835, à Mlle Rose Boirot, fille de Victor Boirot. (Cf. 1re partie,

(1) L'original est blanc, noir et rouge.

p. 4) ; père du Dr Cornil, député, puis sénateur de l'Allier. — Etiq. ovale. 35 × 45.

Couloumy. — Baron Couloumy. Dessiné par Brugière de Lamotte (cf. 2e partie, p. 31).

***Dénier.** — Marie Dénier, fille de Marc Dénier (cf. 1re partie, p. 9). — Dessiné par Maurice Dénier (cf. 2e partie, p. 32) : scène romantique devant le Jacquemart moulinois. — 106 × 78.

***Dénier.** — Robert Dénier, frère de la précédente. — Dessiné par Maurice Dénier (cf. 2e partie, p. 32).

***Dexant.** — Robert Dexant, chirurgien-dentiste à Montluçon. — Mod. — Hér. avec dev. : *Experto crede Roberto.* — Dessiné par Martinet (cf. 2e partie, p. 36). — 76 × 57.

***Grégoire.** — Louis Grégoire, ancien libraire à Moulins. — Dans l'initiale G, une vue de sa maison et de sa librairie. Dessiné en 1904 par son frère Joseph-Camille (cf. 2e partie, pp. 33 et 37). Existe en deux dimensions, 39 × 37, 31 × 30 et en trois teintes différentes (bistre, rouge, noir).

***Lequien.** — Antoine Lequien, curé de Loriges (Allier). — Etiq. — Lég. : *Ex libris Antoine Lequien, presbyteris et canonici insignis ecclesiæ Cussetensis.*

Monceau. — Dr Henri Monceau. — Son ex-libris n° 1 a été dessiné par Pierre Mouret (cf. 2e partie, p. 36).

***Montfalcon.** — Baronne Girod de Montfalcon (cf. 1re partie, p. 21). Il s'agit d'un ex-libris hér. Dim.: 100 × 77.

***Philipon.** — Emmanuel Philipon, procureur de la République à Pondichéry. — Le dieu Siva dansant. — Dessiné par Maurice Dénier (cf. 2e partie, p. 31). — 91 × 61.

***Veauce.** — Paroisse de Veauce (Allier). — Sceau servant d'ex-libris pour la bibliothèque paroissiale, dessiné par Dom Fernand Cluzel (cf. 2e partie, p. 31). — Un dauphin autour d'un trident ; à droite et à gauche, les initiales A W. Lég. circulaire : SIG. SCI. VENERANDI. DE. VELCIA. DIOC. MOLINEN. — 50 × 43.

II

ERRATA

Chavagnac. — Le premier ex-libris an. catalogué à la 1re partie (p. 9) a été, par erreur, attribué par nous à la branche aînée, dont les tenants sont des anges, au lieu de sauvages.

Conny. — A la troisième ligne de la notice, lire au lieu de « deux états » : deux variantes.

Dubouys-Delan. — Voir 1re partie, p. 11. Le second nom est à rectifier en *Delan*.

La Dure. — Voir 1re partie, p. 16. Aujay de La Dure et le Dr Ed. de La Dure, qui vient ensuite, sont un seul et même personnage.

CET OUVRAGE A ÉTÉ
TIRÉ A TROIS CENTS
EXEMPLAIRES, DONT
CENT EXEMPLAIRES D'AUTEUR
HORS COMMERCE. ACHEVÉ
D'IMPRIMER LE XXVIII
JUILLET MCMXXX SUR
LES PRESSES DES
IMPRIMERIES RÉUNIES
A MOULINS (ALLIER)

www.ingramcontent.com/pod-product-compliance
Ingram Content Group UK Ltd.
Pitfield, Milton Keynes, MK11 3LW, UK
UKHW021029180726
13838UKWH00004B/1685